AF395273

2ᵉ ANNÉE — VIII — FÉVRIER 1898

L'Humanité Nouvelle

REVUE INTERNATIONALE

Sommaire

PARIS

Rédaction : 5, Impasse de Béarn
Administration : Librairie de l'Art
Social, 5, impasse de Béarn

Librairie C. Reinwald
Schleicher frères, Editeurs
15, rue des Saints-Péres

BRUXELLES

1, rue de Lausanne
Librairie Spineux
62, rue Montagne de la Cour

PRIX DU NUMÉRO :

France et Belgique . . . . . . **1 fr. 25**
Étranger . . . . **1 fr. 50**

Séance du 20 décembre 18

La séance est ouverte sous la présidence de M. Maurice Block, de l'Institut, président.

Distribution de médailles. — La Société d'ethnographie décerne sa médaille Jomard à M. le docteur Eug. Verrier; sa médaille Urechia à M. G. de Dubor, et sa grande médaille Confucius à M. Jacques Tasset.

L'Ethnographie et l'Economie politique. — Dans son discours d'ouverture, M. Maurice Block a exposé le précieux concours que sont appelées à se prêter mutuellement la science de l'ethnographie et celle de l'économie politique. Il signale à cette occasion une découverte relative à l'histoire primitive de l'humanité dont on est redevable à un éminent économiste russe, M. Richard Mucke, professeur à l'université de Dorpat.

Aristote, dans son ouvrage intitulé Βίος Ἑλλάδος, a prétendu que les hommes avaient commencé par être chasseurs, qu'ils étaient ensuite devenus pasteurs et avaient fini par être agriculteurs.

Cette opinion s'est transmise d'âge en âge et est encore adoptée de nos jours par de nombreux adhérents. Or, il résulte des savantes recherches de M. Mucke que cette donnée est inexacte et que l'évolution des professions des peuples primitifs a varié suivant les différents pays.

Après avoir exposé avec de grands déve-

niques sur le côté [illegible]
des [illegible] sur [illegible]
les arbitrages, et [illegible]
ques sur les variations de prix.

M. Levasseur offre en même temps le
rapport de M. Newmarck, présenté au con-
seil supérieur de statistique, sous le titre de
Les impôts sur les valeurs mobilières.

L'auteur compare les valeurs mobilières
au commencement de ce siècle avec celle
d'aujourd'hui, et montre comment les impôts qui les frappent et qui font presque
toujours double emploi, gênent le développement des sociétés industrielles et commerciales. Dans les premières années du
siècle les valeurs cotées à la Bourse repré-
sentaient un capital effectif de moins de
1 milliard; elles en représentent aujourd'hui
environ 80, dont 60 en titres français et
20 en titres étrangers. Il y avait, au 31 décembre 1898, 1,217 titres se négociant à la
Bourse de Paris, dont un millier provenant
d'entreprises industrielles et commerciales.
En 1854, les valeurs mobilières payaient
300,000 fr. d'impôts ; en 1895, elles ont payé
141 millions.

M. Newmarck fait remarquer que l'impôt
de 1 fr. 50 sur les obligations de chemin
de fer rapportant 15 fr., en diminuant le
revenu des porteurs diminue aussi le prix
qu'ils mettent à l'acquisition du titre et, par
suite, le capital que, par la même [illegible]

PAGES DE SOCIOLOGIE

PRÉHISTORIQUE

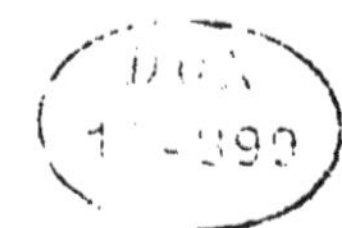

On se laisse aller facilement à répéter comme des vérités
acquises les hypothèses commodes et plausibles qui dispensent
de réfléchir. En vertu de cette routine, on nous dit que l'humanité a passé successivement par des états de civilisation
bien distincts ayant pour caractéristique le mode de conquérir
sa nourriture. Les temps primitifs pour tous les hommes auraient été ceux pendant lesquels ils sustentaient leur vie par
la cueillette, la chasse et la pêche. Puis serait venue la période de la vie pastorale, et l'agriculture à son tour aurait
suivi les âges de l'existence nomade à la garde des troupeaux.
Condorcet, énumérant les « dix périodes » qu'il distingue dans
l'histoire de l'humanité, désigne expressément la « formation
des peuples pasteurs » et « le passage à l'état agricole, »
comme les deux premières étapes du grand voyage de progrès
accompli jusqu'à nous (1). Mais l'étude détaillée de la Terre
nous prouve que cette succession prétendue des états est une
pure conception de l'esprit en désaccord avec les faits. La différence dans les moyens de conquérir la nourriture eut partout pour cause déterminante la différence même de l'ambiance
naturelle. L'homme de la forêt giboyeuse, le riverain du fleuve
et de la mer riches en poissons, l'habitant des steppes infinies
parsemées de troupeaux, le montagnard enfermé dans un étroit
vallon, devaient avoir des genres de vie différents, de par les
conditions dominatrices du milieu.

Sans mentionner les mœurs particulières provenant chez
telle ou telle tribu, carnivore ou frugivore, des traditions et de

---

(1) *Esquisse d'un tableau historique des progrès de l'Esprit humain.*

l'atavisme hérités de l'animalité antérieure, on peut dire d'une
manière générale que l'état, sinon universel, du moins normal
fut celui de la cueillette, comprise dans son sens le plus
vaste, c'est-à-dire l'utilisation de tout ce que le chercheur famélique trouvait à sa convenance. La faim rend omnivore :
l'individu perdu dans la forêt se laisse aller à prendre pour
aliments toute espèce de vermine et de débris ; il mangera de
l'herbe et des vers, il goûtera avec plus ou moins de répu-
gnance ou d'avidité aux baies, aux champignons, en risquant
même de s'empoisonner. Et ce que l'individu se trouve obligé
de faire, même de nos jours, des tribus entières, même des
nations ont dû le pratiquer également, soit d'une manière
permanente, avant l'aménagement de la terre à leurs besoins,
soit pour une saison ou durant toute une période de famine (1).

Or, durant ce premier état de la cueillette, l'homme dut
chercher surtout, en même temps que les petits animaux faciles à saisir, les grains, les fruits, les bulbes et les racines, faisant ainsi connaissance avec les premiers éléments qui devaient l'aider un jour à découvrir l'agriculture. Il voyait les
semences germer en plantes nouvelles, il cueillait les rejetons
qui naissaient à la base d'une tige vieillie, et tel tubercule qu'il
trouvait dans le sol avait déjà dressé sa plumule et soulevé la
terre au-dessus d'elle (2). L'agriculture était, pour ainsi dire,
en état de préfloraison dans son esprit : il ne lui manquait pour
agir que la patience, la longue prévision, l'alliance avec le
temps.

L'état nomade, que l'on place d'ordinaire à une étape de civilisation antérieure dans le temps à l'agriculture, semble au
contraire demander une préparation plus longue. L'exemple
du Nouveau Monde dans toute son étendue, de l'archipel Arcti-
que aux îles qui pointent vers l'Antarctique, témoigne d'une
manière éclatante que l'agriculture n'eut pas besoin pour naî-
tre de succéder à l'état pastoral, puisqu'elle était pratiquée par
des peuplades ou nations vivant en diverses parties du double
continent, tandis que nulle part on n'y rencontrait de bergers
nomades. Les Incas, il est vrai, possédaient un animal domestique, le llama, mais ils l'employaient uniquement pour le trans-
port des marchandises, et la masse de la nation n'en restait
pas moins strictement sédentaire et agricole : nul ne pouvait
quitter son champ sans un ordre des maîtres. En Amérique,

(1) Link, *Urwelt und Alterthum.*
(2) Ed. Hahn, *Demeter und Baubo*, p. 5.

aucun homme de génie n'avait encore découvert l'art de dresser les animaux femelles à fournir un lait abondant en dehors de la période d'allaitement, et même dans l'Ancien Monde, il existe plusieurs nations qui ont horreur du lait. Les Chinois et les Japonais, qui ont pourtant reçu de l'Occident tant de connaissances diverses, et leur civilisation même (1), n'ont jamais appris à se nourrir du lait de la vache domestique. Il est probable d'ailleurs que cette conquête de l'humanité demande beaucoup d'efforts et de temps, car les bêtes n'ont de lait que pour leur progéniture ; il tarit quand elles en sont privées. Hahn émet l'hypothèse que le premier emploi du lait fut d'en faire hommage aux dieux (2) ; peut-être fut-il d'abord versé en libation aux génisses brûlées sur les autels.

Le développement de l'industrie humaine ne s'est donc pas accompli suivant l'ordre que l'on avait imaginé jadis, mais il a dû se modifier diversement d'après la nature du milieu. Prenons pour exemple quelques-unes des populations de l'Ancien Monde. Les tribus de nains qui, dans l'Afrique centrale, vivent à l'ombre des forêts sans bornes pouvaient-elles avoir d'autre industrie dominante que celle de la cueillette et de la chasse rudimentaire, à moins que les populations voisines, leurs supérieures en force physique, ne leur permissent un peu d'agriculture et de commerce. De même les Nouer, cantonnés dans les marécages et sur les îles flottantes du Bahr el-Djebel et du Bahr el-Zeraf, ne sont-ils pas condamnés au travail exclusif de la pêche des graines et du poisson tant qu'ils resteront privés de toutes communications faciles avec les terres asséchées du continent. Dans une partie du monde bien éloignée du bassin nilotique, les insulaires des Lofoten n'étaient-ils pas également voués par le destin à la capture du poisson de mer, avant que le va-et-vient des bateaux à vapeur eût rattaché ce littoral au reste de l'Europe? Ailleurs, quand des agriculteurs eurent déjà domestiqué des animaux et appris à utiliser le lait des femelles, la nature même assigna l'état pastoral aux habitants de vastes contrées, devenues inhabitables aux chasseurs à cause de la rareté du gibier ou non utilisables pour les laboureurs par suite de l'insuffisance des pluies : ces terres ne se prêtent qu'au parcours des bestiaux qui, après avoir brouté l'herbe d'un district, se transportent rapidement vers d'autres parties de la steppe où ils trouveront des pâtu-

---

(1) Terrien de la Couperie, *Chinese and Babylonian Record.*
(2) Ed. Hahn, *ouvrage cité, pp. 23 et suiv.*

rages arrosés par des sources jaillissantes. L'homme qui s'est instruit dans l'art de faire paître les bêtes autour de sa demeure et qui en attend soit leur aide dans le travail, soit leur lait, soit même leur chair, et les protège en conséquence contre les bêtes féroces, peut hardiment quitter la région des forêts ou les bords de la mer et des fleuves, pour suivre ces animaux apprivoisés dans les prairies sans bornes. Des terrains d'un autre caractère, ici des espaces de sable, d'argiles, de roches ou de cailloux, plus loin des plateaux neigeux ou des cols de montagnes forment des zones médiaires entre des pays de productions différentes et par conséquent sont interdites par la nature aux laboureurs et aux bergers ; elles ne peuvent être utilisées que par des porteurs trafiquants, soit isolés, soit marchant en groupes ou bien accompagnés par des bêtes sommières.

En toute région naturelle les contrastes du sol, de la végétation, des produits, se complètent par un autre contraste, celui des populations et de leur industrie. L'ambiance explique l'origine de ces différences entre les hommes ; elle explique aussi pourquoi la même forme de civilisation peut se maintenir de siècle en siècle indépendamment des progrès qui modifient plus ou moins rapidement les nations agricoles, nées dans les régions où des conditions favorables ont permis la domestication et l'élève des plantes nourricières. De tout temps la plage maritime et la rive fluviale, la forêt et la steppe, le désert et l'oasis, le plateau raboteux et la montagne eurent des habitants assouplis à l'industrie qu'imposait le milieu. Ce qui frappe surtout dans la diversité des moyens employés par l'homme pour la conquête de la nourriture, c'est que les civilisations particulières corrélatives à ces moyens se juxtaposent dans l'espace beaucoup plus qu'elles ne se succèdent dans le temps.

Il arrive même qu'en un pays où s'entremêlent deux régions naturelles, le désert et les campagnes plus ou moins arrosées, la population appartient simultanément à deux états : chaque individu, à la fois agriculteur et pâtre, acquiert une sagacité remarquable, une singulière acuité des sens et un rare esprit de prévision en vertu de sa double industrie. L'époque des labours est-elle arrivée, il monte à chameau emportant sa légère charrue et son sac de semences, à la recherche d'une terre féconde et suffisamment humide pour qu'il n'ait pas à craindre l'effet des sécheresses prolongées. La végétation spontanée du sol, l'aspect du terrain, quelques traits de charrue lui indiquent les endroits favorables : il y jette son grain, et si l'espace utilisé n'est pas suffisant, il va plus loin à la découverte d'un autre champ pour l'année. Pour le passage des troupeaux, il lui faut aussi connaître le pays sur une très grande étendue, des milliers et des milliers de kilomètres carrés. Il doit savoir par tradition ou par étude personnelle pendant combien de semaines ou de mois, il pourra rester sur le pâtis, s'il existe fontaine ou ruisseau dans le voisinage, et quelles tribus, pacifiques ou guerrières, il rencontrera dans son parcours (1).

Les modifications politiques et sociales dues à l'ensemble du progrès humain ont aussi pour résultat de changer les frontières entre les états de civilisation : suivant les vicissitudes des conflits et les invasions des peuples on voit, comme dans l'Amérique du Nord et dans la Mongolie méridionale, des agriculteurs envahir les contrées des peuples chasseurs ou bergers et les annexer au domaine de la charrue ; d'autres fois, au contraire, il se fait un retour offensif des nomades qui, reconquérant le sol sur les résidents, laissent l'herbe et la brousse reprendre possession des champs cultivés et, complètement impuissants à conquérir leur pain par les semailles, doivent se nourrir de gibier ou de la chair des bêtes qu'ils poussent devant eux à travers les guérets en friche : c'est là un recul de civilisation dont l'antique Chaldée est un exemple. Dans le Nouveau Monde, la transition ne peut se faire que de l'état des primitifs, s'occupant de chasse ou de pêche, et celui des civilisés, agriculteurs et industriels : le double continent n'ayant point de peuples pasteurs.

D'ailleurs, aucun état de civilisation n'est absolument un, parce que la nature elle-même est diverse et que les évolutions de l'histoire s'accomplissent partout d'une manière différente. Il n'est guère de société d'agriculteurs dans laquelle ne soient aussi des chasseurs et des pêcheurs. On y voit également des pasteurs de bétail. Suivant les milieux secondaires de chaque pays, les populations se répartissent en sociétés partielles : l'ensemble de l'humanité se résume dans chacun de ses groupes. On peut même dire que chaque famille offre dans une certaine mesure ce raccourci du genre humain, car les divers travaux, depuis ceux qui se pratiquent dans la hutte d'un sauvage, — telle la préparation d'un mets traditionnel — jusqu'aux plus raffinés, comme la lecture et l'écriture, c'est-à-dire la com-

(1) *La Tunisie* (publication officielle, tome I pp. 58 et 59.)

munion des pensées à distance, s'accomplissent sous un même toit. Toute étude de la civilisation représente une infinité de survivances, datant chacune de périodes historiques différentes, mais s'unissant en un organisme harmonique, grâce à la vie qui incorpore les traditions de toute origine et de tout âge en une seule conception générale. Les forces nécessaires à la production du renouveau dans l'homme et dans la société sont toujours dues à une impulsion venue du dehors. Parfois l'impulsion provenant de la nature inorganique est brutale, impérieuse, sans appel. Une explosion volcanique, un débordement fluvial, une invasion de la mer, les ravages d'un cyclone ont maintes fois forcé les habitants de tel ou tel pays à quitter la terre natale pour fuir vers des contrées hospitalières. Dans ce cas, le changement de milieu amène forcément les changements d'idées, une autre conception de la nature ambiante, une autre façon de s'accommoder aux circonstances, différentes des premières. Il se peut donc, malgré la catastrophe et tous les malheurs qui en sont la conséquence, que l'événement soit pour les populations frappées une cause puissante de progrès. Sans doute les individus ont souffert, ils ont peut-être perdu le produit de leur travail et leurs approvisionnements ; mais que sont de pareilles pertes en comparaison des acquisitions intellectuelles que donne l'adaptation à un nouveau milieu? Parfois, il est vrai, le désastre entraine autre chose que des ruines matérielles; des peuplades ont été décimées ou même complètement exterminées par ces catastrophes de la nature, et dans ce cas, il faut que la tribu frappée se reconstitue à grand'peine et reprenne péniblement la lutte pour l'existence, lutte dans laquelle il est d'ailleurs possible que le groupe d'hommes menacés succombe définitivement Dans l'éternel effort de l'homme vers la vie et le bien-être, il se trouve quelquefois le plus faible et régresse alors vers la sauvagerie primitive ; d'autres fois il triomphe des obstacles et progresse d'autant vers un état supérieur.

Aux causes extérieures de changement provenant de la nature inanimée s'ajoutent, chez les groupes humains, celles qui proviennent de l'invention d'autres hommes ou êtres vivants. La plus puissante de ces causes est l'imitation. C'est ainsi que le monde des animaux est devenu l'éducateur de l'humanité : il offre des exemples pour tous les actes de la vie. En premier lieu, la science par excellence, celle qui consiste à chercher et à trouver la nourriture, n'est-elle pas admirablement enseignée à l'homme par ses frères aînés, vertébrés et invertébrés ? Sur la plage les crabes et autres crustacés montrent les endroits du sable et de la vase où se cachent tels ou tels « fruits de mer » ; chaque animal allant à la cueillette, à la fouille des racines, au viandis, à la pêche, fut soigneusement observé par le famélique, et celui-ci essaya tour à tour les nourritures diverses, baies et fruits, feuilles et racines, bestioles et bêtes qu'il voyait servir d'aliment à d'autres animaux. Bien plus, l'homme a pu demander à ses éducateurs l'art d'emmagasiner ses vivres pour les temps de disette : ce sont les fourmis, les abeilles, les gerboises, les écureuils et chiens des prairies qui lui ont appris à se construire des silos pour y placer l'excédent de nourriture recueilli dans les saisons d'abondance. Enfin, que de moyens thérapeutiques, feuilles, bois ou racines, le malade ou le blessé a-t-il vu d'abord employer par des bêtes !

Peut-être même est-ce également à l'exemple des animaux que l'homme dut en mainte contrée ses débuts en agriculture. C'est ainsi que, d'après le naturaliste Mac Gee, le travail de la terre en vue d'une récolte annuelle aurait eu son premier stade en plein désert, notamment dans le pays des Indiens Papagos, partie de l'Arizona voisine du golfe de Californie. Ici les indigènes ont sous les yeux le travail des fourmis « laboureuses », dont les colonies, parsemant la plaine par dizaines de millions, ont mis en production le quart, sinon le tiers de toute la Papagueria. Chaque colonie a son champ de céréales bien entretenu et son aire à battre le grain d'une propreté parfaite. L'éveil bien naturel de l'amour-propre à la seule vue de ces prodiges, devait nécessairement entraîner le Peau-Rouge à imiter l'œuvre de la fourmi: chaque année, il visite les régions du sud pour en rapporter des graines de maïs, des pépins de citrouille, des haricots, qu'à son retour, au commencement de la saison des pluies, il jette dans les terres arrosées et dans le sol des ravins humides. Cette pratique d'agriculture date probablement des âges les plus antiques et paraît même avoir été dans ce pays la principale cause de l'organisation des Papagos en tribu (1).

Si l'homme doit infiniment à son éducateur, l'animal, pour la recherche et la conservation de la nourriture, c'est à lui aussi qu'il doit très souvent l'art de choisir une demeure ou de se faire un abri. Mainte caverne lui serait restée inconnue s'il n'avait vu la chauve-souris tournoyer autour de la fissure

____

(1) Mac Gee, *The American Anthropologist*, X, 1895.

du roc, au fond de laquelle s'ouvre la porte secrète des gale-
ries souterraines. Mainte bonne idée lui fut donnée également
par l'oiseau constructeur de nids, si habile à entretresser fi-
bres, laines et crins, même à coudre les feuilles. Le monde
des insectes put enseigner mainte industrie, telle l'araignée
qui sait tisser entre deux rameaux de si merveilleux filets, à la
fois souples, élastiques et fermes. Dans la forêt l'homme suit
les chemins que lui ont tracés le sanglier, le tapir ou l'élé-
phant; en observant les traces du lion, il sait de quel côté il
trouvera la fontaine dans le désert, et le vol des oiseaux, cin-
glant haut dans le ciel, lui indique où se trouve la brèche la
plus facile pour la traversée de la montagne, où surgira pour
lui, dans la rondeur de la mer, l'île inaperçue du rivage.

Ce n'est pas tout : souvent l'exemple de l'animal servit à
l'homme pour qu'il trouvât l'art de fuir ou de se déguiser au
moment du danger; d'autres exemples, à supposer qu'ils lui
fussent nécessaires, ont pu lui enseigner à « faire le mort »,
c'est-à-dire à se tenir coi pour ne pas attirer l'orage sur sa
tête. Les hommes peuvent aussi tirer avantage, pour l'éducation
des enfants, de l'art avec lequel les oiseaux savent apporter
la becquée, mesurer la nourriture et le temps du vol, et lâcher
les oisillons dans l'espace, désormais maîtres de leur destinée.
Enfin, l'homme a reçu aussi de l'oiseau cette chose inesti-
mable, le sens de la beauté, et plus encore celui de la création
poétique. Aurait-il pu oublier l'alouette qui s'élance droit dans
le ciel en poussant ses appels de joie, ou bien le rossignol qui,
pendant les nuits d'amour, emplit le bois sonore de ses modu-
lations ardentes ou mélancoliques? D'ailleurs, l'influence
exercée par les animaux sur l'homme est mise en parfaite
évidence par l'orgueil que certaines tribus mettent à se dire
les descendantes de telle ou telle bête des champs ou des forêts,
et par les déguisements qu'ils se donnent pour ressembler à
leurs prétendus ancêtres.

Le domaine de l'imitation embrasse le monde de l'homme
aussi bien que celui des animaux. Il suffit qu'une peuplade
soit en contact avec une autre peuplade pour que le besoin
d'imitation de tel ou tel caractère se fasse aussitôt sentir. Dans
un même groupe ethnique, l'individu qui se distingue des autres par quelque trait frappant ou par quelque travail person-
nel devient aussi un objet d'imitation pour ses camarades, et
du coup, le centre de gravité intellectuelle et morale de toute
la société doit se déplacer d'autant. D'ordinaire l'imitation se
fait d'une manière inconsciente, comme par une sorte de con-

tagion, mais elle n'en est pas moins réelle et l'imitateur ne s'en trouve pas moins modifié dans tout son être. Les imitations conscientes ont une part moins importante dans la vie, mais encore ᴜ ᵉs considérable, puisque l'homme peut être entraîné à imiter d'autres hommes par toutes les facultés de son être, soit par sympathie quand il s'agit d'un ami, soit par obéissance à l'égard d'un maitre, ou par fantaisie, par amour de la mode ou par le désir et la compréhension raisonnée du mieux. (1)

La plupart, sinon toutes les fonctions d'ordre intellectuel, le langage, la lecture, l'écriture, le calcul, la pratique des arts et des sciences supposent la préexistence et la culture de l'aptitude à l'imitation : sans le talent d'imiter, il n'y aurait point de vie sociale ni de vie professionnelle. La littérature primitive n'a-t-elle pas commencé surtout par la danse, c'est-à-dire par des pantomimes et par la musique ? (2) Et la première forme de la justice, c'est-à-dire le talion : « Œil pour œil, dent pour dent ! » n'est-elle pas imitation pure ? Tout le code des lois ne fut jadis autre chose que la coutume : on était convenu tacitement de répéter sans cesse, sous la forme antique, ce qui avait été fait depuis un temps immémorial. La règle des convenances sociales est de rendre visite pour visite, repas pour repas, présent pour présent, et la morale même est née dans son essence de l'idée du devoir, du paiement, de la restitution d'un service à l'homme, à un groupe collectif, à l'humanité. (3)

L'imitation se confond en beaucoup de circonstances avec l'aide mutuelle, ou plus brièvement l'entr'aide, qui fut dans le passé, qui est encore de nos jours et qui sera dans tous les temps le principal agent du progrès de l'homme. Lorsque dans la deuxième moitié du dix-neuvième siècle, Darwin, Wallace et leurs émules eurent si admirablement exposé le système de l'évolution organique par l'adaptation des êtres à leur milieu, une foule de disciples n'envisagèrent que le côté de la question développé par Darwin avec le plus de détails et se laissèrent séduire par une hypothèse simpliste, ne voyant dans le drame infini du monde vivant que la « lutte pour l'existence. » Cependant l'illustre auteur d'*Origin of Species* et de *Descent of Man* avait aussi parlé de l' « accord pour l'existence »; il avait célébré « les communautés qui, grâce à l'union du plus grand

(1) G. Tarde, *les Lois de l'Imitation.*

(2) Letourneau, *passim.*

(3) Guibert, *Société d'Anthropologie de Paris*; séance du 18 ɪᴠ 1893.

nombre de membres étroitement associés, prospèrent le mieux et mènent à bien la plus riche progéniture. » (1)

Mais que de prétendus « darwinistes » voulurent ignorer complètement tous les faits d'entr'aide et se prirent à vociférer avec une sorte de rage, comme si la vue du sang les excitait au meurtre : « Le monde animal est une arène de gladiateur;... toute créature est dressée pour le combat (2). » Et sous le couvert de la science, combien de violents et de cruels se trouvèrent du coup justifiés dans leurs arts d'appropriation égoïste et de conquête brutale ; tout joyeux d'être parmi les forts, que de fois n'ont-ils pas poussé le cri de guerre contre les faibles : « Malheur aux vaincus ! »

Sans doute, le monde présente à l'infini des scènes de lutte et de carnage parmi tous les êtres qui vivent sur le globe, depuis les graines en conflit pour la conquête d'une motte de terre et les œufs de poissons se disputant la mer, jusqu'aux armées en bataille s'exterminant avec fureur par l'acier, les balles et les obus. Mais les tableaux opposés sont bien autrement nombreux, car sans l'entr'aide la vie même serait impossible. Puisque les plantes, les animaux, les hommes ont réussi à se développer en tribus, en peuples immenses et que chaque être en particulier parcourt un espace de vie durant des jours, des mois ou des années, c'est que les éléments d'accord l'ont emporté sur les éléments de lutte. Ce simple « bon jour » ou « bon matin », que dans tous les pays du monde on échange sous les formes les plus diverses, indique un certain accord entre les hommes, provenant d'un sentiment au moins rudimentaire de bonne volonté à l'égard les uns des autres (3). Un proverbe arabe l'exprime de la manière la plus noble : « Un figuier regardant un figuier apprend à porter des fruits. » Il est vrai qu'un autre dicton limite cette bonne volonté aux membres d'une même tribu ou d'une même nation : « Ne regarde pas le dattier, dit l'Arabe, ne le regarde pas, car il ne parle pas à l'étranger. »

Les exemples d'aide mutuelle parmi les animaux, cités dans les ouvrages des naturalistes, sont innombrables et il n'en est pas un seul qu'on ne puisse retrouver sous des formes peu différentes parmi des hommes (4). Les fourmis et les abeilles

(1) Desçent of Man, 2ᵉ édit. p. 163.
(2) Huxley, Struggle for Existence, and its bearing upon than.
(3) Patrick Geddes, Evergreen, p. 30.
(4) Pierre Kropotkin. Mutual Aid Amony the Animals, Nineteenth Century, sept. dec. 1890.

fournissent à cet égard des faits d'une telle éloquence qu'il faut s'étonner de l'oubli momentané dans lequel les ont laissées les protagonistes d'une lutte constante et sans merci entre tous les êtres combattant pour l'existence. Sans doute des guerres se produisent entre telle et telle espèce de fourmis ; elles aussi ont des conquérants, des propriétaires d'esclaves; mais il faut constater également qu'elles s'entr'aident au point de se nourrir mutuellement en cas de nécessité, de s'adonner ensemble à des travaux agricoles et même industriels, tels que la culture de certains champignons et la transformation chimique des grains, enfin de se sacrifier les unes pour les autres avec un dévouement absolu. Des colonies de fourmis comprenant des centaines ou même des millions de fourmillières habitées par des espèces alliées, n'offrent que des scènes de bonne intelligence et de paix cordiale (1). A la vue de toutes ces merveilles mentales, on est tenté de répéter les paroles de Darwin que « la cervelle de la fourmi est peut-être un prodige supérieur à la cervelle de l'homme. »

Et parmi les oiseaux, parmi les quadrupèdes et les bimanes, que d'exemples touchants de la solidarité qui unit certaines espèces ! La confiance mutuelle entre individus de la grande famille est telle que nul d'entre eux ne manque de courage : les plus petits oiseaux engagent le combat avec un rapace ; on a vu le hochequeue braver des buses et des éperviers. Les corneilles s'acharnent après un aigle par simple amusement. Dans les terres argileuses qui dominent le fleuve Colorado, dans le Grand Ouest américain, des colonies d'hirondelles s'établissent tranquillement au-dessous d'une aiguille où perche le faucon. Certaines espèces n'ont pour ainsi dire d'autres ennemis que l'homme, et dans les conditions ordinaires vivent en paix avec tout l'univers, protégées par leur parfaite union : tels sont les « républicains » du Cap et les perruches et perroquets des forêts américaines. Chez ces animaux, la solidarité va jusqu'à la bonté et au dévouement, comme l'homme pourrait les concevoir et comme il les pratique rarement. Ainsi quand un chasseur, tirant par désœuvrement sur un vol de grues, blesse un de ces animaux qui, ne volant plus que d'une aile, risque de tomber à pic, aussitôt la bande angulaire se reforme et deux compagnons, de droite et de gauche, soutiennent de leur vol le vol fatigué de l'ami. Même de petits oiseaux joignent des migrateurs pour les accompagner par

____

(1) Forel, Bates, Romanes, etc.

dessus la Méditerranée : on a vu des alouettes s'abattre ainsi du ciel avec des bandes de grues, après avoir traversé la mer (1) et qu'elles aient été aidées ou non, il est certain qu'elles doivent au moins avoir été accueillies avec bonté pour le grand voyage. Combien donc contraire à toute vérité est l'assertion des pessimistes qui parlent du monde animal comme s'il consistait en carnivores se déchirant à coups de griffes et de serres et buvant le sang de leurs victimes (2). La meilleure preuve que la lutte pour la vie n'est pas la loi par excellence et que l'accord l'emporte de beaucoup dans l'histoire du développement des êtres nous est donnée par ce fait que les espèces les plus heureuses dans leur destinée ne sont pas les mieux outillées pour le vol et le meurtre, mais au contraire celles qui, avec des armes peu perfectionnées, s'entr'aident avec le plus d'empressement : ce sont non les plus féroces, mais les plus aimantes.

On peut en dire autant pour les primitifs ou « sauvages » parmi les hommes, car les témoignages de la pré-histoire, de même que l'étude des populations contemporaines nous montrent un très grand nombre de tribus vivant en paix et même dans l'harmonie d'une possession commune de la terre et d'un travail commun : les exemples de peuplades guerrières outillées seulement pour le combat et vivant exclusivement de déprédation sont assez rares, quoique souvent cités. Il est de morale constante parmi les contribules que l'individu doit, si la disette se fait sentir, se mettre à la ration pour que les provisions puissent durer plus longtemps. Souvent les grands se privent pour les petits, loin d'abuser de leur force. (3) Le fait capital de l'histoire primitive, telle qu'elle se présente à nous dans presque tous les pays du monde, est que la *gens*, la tribu, la collectivité est considérée comme l'être par excellence, à laquelle chaque individu doit son travail et le sacrifice entier de sa personne. L'entr'aide est si parfaite qu'en mainte circonstance elle cherche à se produire même par delà la mort: ainsi, dans les Nouvelles-Hébrides, quand un enfant mourait, la mère ou la tante se tuait volontiers pour aller soigner l'enfant dans l'autre monde (4).

Même le meurtre ou plutôt la mort volontaire des vieillards qui se pratique en divers pays, — ainsi chez les Batta de Su-

<hr>

(1) L. Buxbaum. *Der Zoologische Garten*, 1886, p. 133.
(2) Pierre Kropotkin, *Nineteenth Century*, nov. 1890, p. 702.
(3) *Bulletin de la Société d'Anthropologie*, 1888.
(4) Gill, dans Waitz et Gerland, *Anthropologie*, p. 641.

matra, chez les Tchouktches de la Sibérie polaire, — est un
fait qu'il conviendrait de citer beaucoup plutôt comme un
exemple d'entr'aide qu'en témoignage de la barbarie des populations où s'accomplissent de pareils événements. Dans une
communauté où tous vivent pour tous, où la prospérité du
groupe entier est la sollicitude d'un chacun, et où la difficulté
de vivre est quelquefois si grande par suite du manque de
nourriture ou de l'excès du froid, le vieillard qui se rappelle
sa vie passée dans l'effort de la lutte commune et qui se sent
désormais impuissant à la continuer, doit se sentir affreusement
angoissé : la vie lui pèse bien autrement qu'au vieillard des
nations civilisées, qui par la vie morale et les relations de société continue d'être utile à tous. « Manger le pain des autres »
alors qu'on en sent si bien l'indispensable nécessité pour les
collaborateurs les plus actifs de la commune, finit par devenir
un véritable supplice, et c'est en grâce que les gens d'âge, devenus inutiles, en scandale et en horreur à eux-mêmes, demandent aux leurs de les aider à partir pour le pays de l'éternel
repos ou d'une nouvelle vie éternellement jeune. Les familles
modernes sont-elles vraiment meilleures pour les parents âgés,
lorsque ceux-ci, souffrant de maladies atroces, demandent avec
larmes qu'on leur épargne le supplice continu ou les douleurs
fulgurantes, et que cependant, sous prétexte d'amour filial ou
conjugal, on les laisse lamentablement gémir pendant des semaines, des mois ou des années ?

La forme communautaire de la propriété, qui prévalut
dans presque tous les pays du monde et qui se maintient çà et
là, même dans les contrées les plus complètement accaparées
par des propriétaires individuels, permet de constater combien
l'entr'aide fut la règle par excellence chez les peuples agricoles
arrivés à un degré de civilisation déjà très avancé. Là aussi le
souci d'un chacun dut être la prospérité de tous, ainsi qu'en
témoignent les mots mêmes qui servent à désigner la collectivité
des villageois associés. Ce sont les « universités » des Bas-
ques, les « mir » russes ou petits « univers », les zadroughi ou
« amitiés » des Serbes, les bratskiya ou « fraternités » des
Bouriates. Le terme de « commune » que l'usage du latin et
des langues qui en sont dérivées a généralisé dans le monde,
s'applique à tous les hommes « qui prennent part aux charges »,
c'est-à-dire à tous ceux qui s'entr'aident. Et de la commune
naît la communion, c'est à dire le partage du festin et l'échange
des pensées intimes. Car « l'homme ne vit pas de pain seulement » et l'entr'aide n'a cessé de se produire par la commu-

nication des idées, l'enseignement, la propagande. Il n'est pas
un homme, pas même un égoïste, qui ne s'évertue à faire péné-
trer sa façon de concevoir les choses dans l'intelligence d'au-
trui. Car plus la société progresse et plus l'individu isolé apprend, même inconsciemment, à voir des semblables dans
ceux qui l'entourent. La vie, qui fut simplement végétative
chez les types inférieurs de l'animalité, de même que pour les
hommes vivant dans la brutalité première, prend un caractère
tout autre et bien plus ample chez ceux dont l'intelligence et le
cœur se sont agrandis. Ayant acquis la conscience de vivre,
ils ajoutent un nouveau but au but premier, qui se bornait à
l'entretien de la propre existence ; le cercle infiniment développé embrasse désormais l'existence de l'humanité entière (1).

Mais, il y a des retours, et terribles parfois, dans la marche
du progrès humain. L'entr'aide, qui a tant fait pour développer
d'homme à homme et de peuple à peuple tous les éléments
d'amélioration mentale et morale, fait très souvent place à
l'entre-lutte, au féroce déchainement des haines et des ven-
geances. Or, par un singulier renversement des choses, c'est
ce choc brutal entre les hommes, c'est la « guerre mauvaise »
comme l'appelle Homère, que nombre d'écrivains affectent de
célébrer ou même glorifient en toute sincérité comme la plus
grande éducatrice de l'humanité. C'est là une survivance de
l'ancienne croyance à la vertu du sacrifice, causée par la terreur de l'inconnu, par la crainte des esprits méchants qui vo-
lent dans l'air, des mânes inassouvis qui veulent renaitre à la
vie en faisant mourir les vivants. « Sache qu'il faut du sang
pour faire vivre le monde et les dieux, du sang pour maintenir
la création entière et perpétuer l'espèce. » N'était le sang ré-
pandu, ni peuples, ni nations, ni royaumes ne conserveraient
l'existence. « Ton sang versé, ô médiateur, étanchera la soif de
la terre, qui s'animera d'une vigueur nouvelle ! » Ainsi chan-
taient les Khond de l'Inde Centrale en égorgeant une victime
de propitiation pour s'en partager la chair et en féconder
leurs champs, en sanctifier leurs foyers. (2) Nulle cité, nulle
muraille ne fut fondée jadis, chez certains peuples, sans que
la première pierre fit jaillir le sang d'une victime. D'après la
légende, un pilier de fer, dit Radjahdhäva, indiquant le centre
des villes qui se succédèrent à l'endroit où s'élève maintenant
la cité de Delhi, baigne toujours dans le sang : il fut planté

(1) Auguste Comte, *Philosophie Positive*, 1869, p. 494.
(2) Elie Reclus, *Les Primitifs*, p. 374.

au lieu même où l'innombrable armée des hommes-serpents, c'est-à-dire des indigènes, fut enfouie dans le sol à la gloire de Youdichtira, le fils de Pandou.

Il est certain que les guerres, phénomène historique très complexe, peuvent avoir été, en vertu de leur complexité même, l'occasion de progrès, malgré la destruction, les ravages, les maux de toute nature qu'elles ont causés directement. Ainsi tel conflit entre tribus ou nations a été précédé de voyages d'exploration qui fournirent de précieux renseignements sur des contrées peu connues, puis, après la lutte, il eut pour conclusion des traités d'alliance et des relations fréquentes de commerce et d'amitié. Ces relations ont été certainement des plus heureuses, puisqu'elles ont élargi l'horizon de peuples qui s'ignoraient autrefois, accru leur avoir, développé leurs connaissances ; mais loin d'être le résultat de la guerre, elles proviennent, au contraire, du mouvement qui s'est produit en sens inverse, et si les massacres n'avaient pas eu lieu, si les alliances avaient devancé l'effusion du sang, on n'eût eu à les acheter par aucun sacrifice. Seulement le peuple n'a plus souvenir des faits pacifiques, des événements qui n'ont provoqué la terreur ni le désespoir : il ne se rappelle que les « années terribles » et rapporte à ces dates fatales les résultats de toute nature, mauvais ou bons, qu'il faudrait distinguer nettement les uns des autres et répartir diversement suivant les causes qui les ont déterminées. Qu'on ne se berce donc point d'illusions : la haine naît de la guerre et l'engendre ; l'amour entre les hommes a pour cause l'harmonie des efforts. C'est encore à l'entr'aide qu'il faut rapporter les conséquences heureuses qui peuvent dériver de l'entre-lutte.

ELISÉE RECLUS.

www.ingramcontent.com/pod-product-compliance
Ingram Content Group UK Ltd.
Pitfield, Milton Keynes, MK11 3LW, UK
UKHW021049120726
13693UKWH00006B/2514